Les Ravages de l'Alcoolisme

Collection C. CHARIER.

La maladie de l'ivrogne.

Les Ravages de l'Alcoolisme

Une famille heureuse.

Les Ravages de l'Alcoolisme

Bagarre provoquée par des ivrognes

Les Ravages de l'Alcoolisme

Collection C. CHARIER.

Pendant que l'ivrogne est au cabaret.

Les Ravages de l'Alcoolisme

Cercle de tempérance.

Les Ravages de l'Alcoolisme

Accident dû à l'alcoolisme.

Les Ravages de l'Alcoolisme

Idiotisme et folie d'un ivrogne

Les Ravages de l'Alcoolisme

L'ivrogne, mauvais soldat.

LE SÉRUM ANTIALCOOLIQUE

Trois savants français : MM. Sappelier, Thébault et Broca, viennent de faire, à l'Académie de Médecine de Paris, une communication d'une extrême importance.

Ils affirment, avec preuves à l'appui, que le sérum d'un cheval alcoolisé peut être employé avec succès contre l'intoxication alcoolique. Autrement dit, ils préconisent le vaccin de l'alcoolisme et prétendent affirmer sa supériorité, sinon son infaillibilité, sur toutes autres médications.

Voici comment ils opèrent : ils choisissent un jeune cheval parfaitement sain, et, pendant un laps de temps déterminé, lui administrent une bonne ration d'alcool, dont il est très friand, mêlé avec un peu de sucre, dans son avoine.

Le cheval ne tarde pas à devenir alcoolique. Alors on le saigne ; et le sang, une fois recueilli avec toutes les précautions antiseptiques, est décanté, stérilisé à 120 degrés, mis en flacons hermétiquement bouchés et conservé à l'abri des microbes de l'air en attendant son emploi.

C'est alors qu'on fait une injection de ce sérum sous l'épiderme de l'alcoolique, pour qui bientôt la passion immodérée qu'il avait pour l'alcool se change en répulsion. L'odeur seule de l'eau-de-vie, du rhum, des amers ou apéritifs de toutes sortes lui devient tellement insupportable qu'il s'abtient, sans contrainte extérieure, de boire, n'y trouvant aucun plaisir.

On nomme *antiéthyline* le sérum inventé par MM. Sappelier, Thébault et Broca.

LE FLÉAU ALCOOLIQUE

La France, c'est triste à dire, tient le premier rang parmi les nations alcooliques. Aussi, ses enfants, en partie dégénérés, n'ont plus la vigueur de leurs ancêtres.

En 1898, il a été consommé plus de 2 millions d'hectolitres d'alcool à 100 degrés, sous la forme d'apéritifs !

La principale victime de cet état de choses :

C'est l'ouvrier.

En moyenne, chaque ouvrier français boit environ 11 petits verres par jour.

En 1855, on ne buvait, chez nous, que 1 litre 1/2 d'eau-de-vie par personne et par an. Aujourd'hui, il s'en consomme en moyenne au moins 16 litres par individu.

Décadence physique et intellectuelle, ruine matérielle et morale, tel est le bilan de ce terrible fléau.

C. CHARIER, éditeur à Saumur

LE DELIRIUM TREMENS

Le *delirium tremens* offre pour principaux caractères : le désordre des fonctions intellectuelles, le tremblement des membres, le défaut de sommeil, la difficulté à articuler les mots. Il est toujours provoqué par les excès de boissons fermentées ou de boissons spiritueuses.

Lorsque les individus doivent être atteints du delirium tremens, leur appétit languit, leur sommeil est léger, court, troublé par des songes et des visions, leur face prend un aspect d'hébétude, et le délire ne tarde pas à éclater. Il est ordinairement accompagné d'hallucinations. La voix est tremblante, la langue sort convulsivement de la bouche. L'insomnie est complète.

Le calme revient au bout d'une huitaine de jours ; mais les récidives sont fréquentes. Après plusieurs attaques de plus en plus rapprochées, l'alcoolique reste décidément aliéné et finit par succomber à une paralysie générale.

DÉGÉNÉRESCENCE ALCOOLIQUE

L'alcoolisme est héréditaire ; il s'attaque aux générations successives qui vont de déchéance en déchéance jusqu'à la disparition finale.

Les enfants des alcooliques sont :

des rachitiques,
des dégénérés,
des idiots.

Ceux des buveurs d'apéritifs, absinthe, amer, bitter, etc., sont .

des épileptiques.

Exemple typique cité par **M. A. Barine** :

Un alcoolique invétéré avait eu **7** enfants. Les deux aînés moururent en bas âge, de convulsions. Le troisième devint fou à **22** mois ; le quatrième tomba dans l'imbécillité. Le cinquième est un détraqué ; le sixième un nerveux qui se croit voué à la folie ; le septième, une fille, qui est névropathe et a eu des accès de démence.

Autre exemple :

Le recensement de 1896 a accusé pour 3 départements, l'Orne, la Manche et le Calvados, une diminution évaluée à un huitième, en cinq ans.

Soit 46,000 habitants en moins ! C'est la disparition de la France à bref délai ! Voilà l'effrayante réalité !

TROP DE DÉBITS DE VINS

Il existe en France 600.000 *débits de vins*. Cela fait, pour 38,500,000 habitants, un débit pour 64 habitants. Il y a donc 63 habitants qui font vivre le 64e, en consommant les boissons alcooliques dont ce dernier fait commerce.

En 1880, on ne comptait en France que 56,000 débits

En 1896, il y en avait   460,000

En 1904, il en existe   600.000

Les départements qui sont le plus atteints par le fléau dévastateur sont :

       Seine-Inférieure)

       Eure   où l'on compte 78 condamnations sur 1000.

       Calvados)

Ceux qui possèdent le moins de débits sont :

       Corrèze

       Savoie   35 condamnations sur 1000.

       Calvados

MAXIMES ANTIALCOOLIQUES

— L'alcoolique perd toute volonté.

— *Acheter l'alcool, c'est acheter la mort.*

— L'eau-de-vie devrait s'appeler eau-de-mort.

— L'alcool n'est pas un aliment.

— L'alcool paralyse le cerveau.

— L'alcoolique n'offre pas de résistance aux maladies.

— L'alcool ne donne pas de forces.

— L'alcool n'est pas un désaltérant.

— L'alcool ne favorise pas la digestion.

— La tempérance, c'est le bonheur à bon marché.

— Méfiez-vous du petit verre, il tue le corps et l'âme

— L'alcool fait de nos jours plus de ravages que n'en font la peste, la famine ou la guerre.

GLADSTONE.

— L'alcool n'est pas plus un digestif qu'il n'est un apéritif. De quelque façon qu'on l'envisage, *l'alcool est un poison.*

FRANCISQUE SARCEY.

— Tous les apéritifs sont des drogues et des poisons. C'est une sottise d'y toucher, c'est un grand malheur d'en prendre l'habitude. *L'alcool voilà l'ennemi !*

— L'alcool fait plus de victimes que toutes les épidémies réunies. *Guerre à l'alcool.*

— L'alcool ruine les familles et nous prépare des générations d'enfants rachitiques et scrofuleux.

— L'alcool est le pourvoyeur des asiles d'aliénés, des hôpitaux, des prisons.

— L'alcool n'étanche pas la soif, il la donne ; il ne réchauffe pas, il ne nourrit pas, il ne fortifie pas : *il tue.*

— L'alcool ne donne ni santé, ni force, ni chaleur, ni joie, et ne fait que du mal.

LÉON TOLSTOÏ

C. CHARIER, éditeur à Saumur

CRIMINALITÉ ALCOOLIQUE

Les alcooliques deviennent très facilement des criminels :

Sur 100 criminels	53	sont	alcooliques.
Sur 100 vagabonds	70	—	—
Sur 100 incendiaires	61	—	—
Sur 100 suicidés	36	—	—
Sur 100 aliénés	39	—	—
Sur 100 condamnés à une peine infamante	65	—	—
Sur 100 condamnés pour coups et blessures	90	—	—

A Paris, sur 3,000 prisonniers, 2,115 sont alcooliques.

Dans le nombre des inculpés de toutes catégories en France, on compte 86 000 **alcooliques.**

Sur 38 millions de Français, on peut évaluer le nombre des alcooliques à **1 million 600 mille.**

UNE PROVINCE RAVAGÉE

Notre belle province de Normandie, qui a produit jadis des générations d'hommes si vaillants et si robustes, est aujourd'hui un véritable foyer d'alcoolisme. Les ouvriers sont, **en grand** nombre, intoxiqués et deviennent de plus en plus, dans cette région, les tristes rejetons d'une dégénérescence inquiétante. On cite tel canton des environs de Falaise où le conseil de **revision** ne trouve pas un seul conscrit ayant la taille ! C'est lamentable. Les ravages grandissent **en** raison directe de l'augmentation du nombre des débits.

Rouen consomme à elle seule 5 millions de litres d'eaux-de-vie par an, représentant 12 millions de francs. Ainsi s'explique aisément qu'il y ait dans cette ville tant de vieillards à quarante ans, avec la poitrine creusée et les jambes rabougries. On cite des familles qui de père en fils ont dégénéré progressivement à ce point que les rejetons, encore vivants, sont aujourd'hui étiques et presque nains.

Telles sont les terribles conséquences du fléau alcoolique qui sévit si cruellement dans cette partie de la France.

REMÈDES CONTRE L'ALCOOLISME

Quels sont les moyens propres à envahir le fléau alcoolique ?

1º Relever considérablement les droits sur l'alcool ;

2º Interdire la consommation des alcools de grain et de pommes de terre, *véritables poisons* ;

3º Interdire la consommation des apéritifs : amers, bitters, absinthes, etc., qui ruinent l'organisme ;

4º Rétablir la nécessité de l'autorisation pour l'ouverture d'un débit ;

5º Soustraire l'ouvrier aux pernicieuses influences du cabaret ;

6º Instituer partout des cercles populaires de tempérance d'où l'alcool serait prohibé en n'y tolérant que les boissons hygiéniques, avec cette préoccupation principale de distraire l'ouvrier plutôt que de le désaltérer ;

7º Instituer, comme en Belgique, des Sociétés scolaires de tempérance, au moyen desquelles les écoliers s'engagent à s'abstenir, jusqu'à leur majorité, de liqueurs alcooliques ;

8º Faire usage du sérum antialcoolique, afin que le goût de l'ivrogne pour l'alcool se change en répulsion ;

9º Faire appel aux hommes compétents et dévoués, pour multiplier les conférences et les congrès contre l'alcoolisme.

LES DANGERS DE L'ABSINTHE

La santé de tout individu qui s'adonne à l'absinthe est troublée par des affections de toutes sortes :

> Picotements et fourmillement à la peau ;
> Affaiblissement de la force musculaire ;
> Affaiblissement de la vue ;
> Perte de la mémoire ;
> Hallucinations effrayantes ;
> Tristesses, inquiétudes ;
> Caractère querelleur ;
> Digestions difficiles ;
> Prédisposition à la tuberculose.

Dans les crises d'un caractère aigu, le buveur d'absinthe *perd connaissance*, tout en gardant les yeux ouverts ; il pousse des cris, il se tord, *sa bouche écume et cherche à mordre*.

Telles sont les tristes conséquences d'un vice odieux que tout homme qui se respecte doit mépriser et combattre.

C. CHARIER, éditeur à Saumur

L'ABUS DES PETITS VERRES

En France, tout est motif pour boire. C'est là une détestable et déplorable habitude qui favorise la propagation du terrible fléau. Naissances, mariages, fêtes, anniversaires, enterrements, tout est prétexte pour absorber le poison. On boit par instinct d'imitation. Toutes les affaires commerciales se traitent le verre à la main. Les marchés et les foires entraînent le paysan en particulier à faire des libations qui ruinent sa santé.

Jusqu'en ces derniers temps, la caserne n'était pas exempte de la contagion ; mais le ministre de la guerre, à la date du 3 mai 1900, adressa aux commandants de corps d'armée une circulaire interdisant l'alcool dans les cantines.

Sont seules autorisées dans les cantines, la vente des boissons fermentées (vin, bière, cidre, poiré), et celle de toutes les boissons usuelles (café, thé, lait, chocolat, etc.) ne renfermant pas d' « alcool ».

Cette circulaire démontre au moins que les autorités commencent à s'inquiéter et à prendre des mesures énergiques pour enrayer le fléau.

LE POISON ALCOOLIQUE

Qu'est-ce que l'alcoolisme ?

L'alcoolisme consiste dans *l'abus* ou *l'usage continu* de l'alcool.

L'ivrognerie n'est pas l'alcoolisme. Cependant un ivrogne qui s'enivre tous les jours devient alcoolique ; et, chose qui peut paraître bizarre et pourtant véridique, un alcoolique peut parfaitement ne s'être jamais enivré.

L'ivrogne est l'individu que le vin a mis en gaîté.

L'alcoolique, au contraire, ne chante pas ; il rage. Au lieu d'être gai, il est sournois, querelleur et vindicatif.

L'ouvrier qui boit du vin modérément ne s'enivre pas ni n'altère sa santé. Celui qui en abuse devient alcoolique.

L'alcool est un poison.

GUERRE A L'ALCOOL

La plupart des maladies soignées dans les hôpitaux sont causées ou aggravées par *l'abus des boissons alcooliques*.

Toutes les boissons alcooliques sont dangereuses. Les plus nuisibles sont celles qui contiennent, avec l'alcool, des essences aromatiques, comme *la liqueur d'absinthe qui ne peut jamais être bienfaisante*, le vulnéraire et les prétendus apéritifs appelés *amers*.

Les boissons alcooliques sont encore plus dangereuses quand on es prend, le matin, *à jeun*, et entre les repas.

L'homme devient *inévitablement* alcoolique, c'est-à-dire *empoisonné* lentement par l'alcool, *même sans avoir été jamais en état d'ivresse*, quand il boit tous les jours de l'alcool, de la liqueur ou trop de vin (plus d'un litre par jour).

— *L'alcool est un poison*, dont l'usage habituel détruit plus ou moins vite, mais inévitablement, les organes les plus nécessaires à la vie : l'estomac, le foie, les reins, les canaux du sang, le cœur et le cerveau.

— L'alcool excite l'homme, mais *il ne le fortifie pas*.

— Il ne remplace pas la nourriture, mais il en fait perdre le goût.

Quand on boit souvent de l'alcool, ou quand on boit trop de vin (plus d'un litre par jour), on est plus exposé aux maladies et, quand on est devenu malade, la maladie est toujours plus grave, elle se complique souvent de *délire mortel*.

— L'alcool cause très souvent la *phtisie*, en affaiblissant les poumons ; chaque année nous voyons des malades qui entrent d'abord à l'hôpital pour alcoolisme et qui reviennent quelques mois plus tard atteints de *phtisie*.

L'ALCOOLISME, c'est-à-dire l'empoisonnement lent par l'abus ou même l'usage continuel de boissons contenant trop d'alcool, n'existe pas seulement chez les hommes. Les médecins l'observent trop souvent aussi *chez des femmes* et même *chez des enfants*.

On *s'alcoolise* non seulement par l'abus du vin, par l'eau-de-vie (la goutte), le cognac, le rhum, mais par les LIQUEURS de toute espèce, par le *vulnéraire*, l'eau de mélisse, qui est en réalité de l'alcoolat, les fruits à l'eau-de-vie, par l'usage trop fréquent de *vins médicamenteux* (vins de quinquina, de kola, de coca, vins phosphatés) ou d'*élixirs* prétendus digestifs. On croit se tonifier, se fortifier en les prenant ; en réalité, on détruit peu à peu son estomac, ses intestins, son foie, son cerveau.

(Extrait des tableaux antialcooliques de M. Le Gendre.)

BOISSONS HYGIÉNIQUES

Les boissons hygiéniques, celles qui doivent être préférées aux boissons alcooliques, sont :

Le vin naturel,
La bière,
Le cidre,
Le thé,
Le café,
La limonade.

Les boissons alcooliques, pernicieuses pour la santé, contiennent de 30 à 90° d'alcool ; telles sont :

L'alcool rectifié, 90° ;
Le trois-six, 80° ;
L'absinthe, 70° ;
L'eau-de-vie, 55° ;
Le rhum, 53° ;
L'amer, 65° ;
Le bitter, 60°.

L'alcoolisme coûte aux buveurs français **1 milliard 300 000 francs par an**, sans compter l'argent perdu par le chômage et les maladies occasionnées par l'alcoolisme.

PROPAGANDE ANTIALCOOLIQUE

Conclusions du rapport de M. Van der Woude au 4ᵉ congrès international contre l'abus des boissons alcooliques.

La *propagante anti-alcoolique* concourt aux fins suivantes :

1ᵉ Que l'enfant ou le jeune homme, devenu grand, connaisse l'alcool comme non-valeur en tant que boisson ;

2ᵒ Qu'il sache que tout ce qu'on dit de son prétendu pouvoir de nourrir, de réconforter et de réchauffer, ne sont que des préjugés ;

3ᵘ Qu'il soit au courant des effets destructeurs de l'alcool dans tous les organes ;

4ᵒ Qu'il n'ignore pas quelle immense misère l'alcool répand sur toute la race humaine ;

5ᵒ Qu'il ne croie plus que l'alcool soit une chose indispensable pour notre vie sociale ;

6ᵒ Qu'il soit convaincu qu'il n'y a rien de louable ni de viril à boire les boissons alcooliques ;

7ᵒ Qu'il comprenne que le plus sûr moyen de ne jamais parvenir *à l'abus*, c'est de ne jamais commencer à *boire modérément* ;

8ᵒ Que l'enfant ne regarde ni ne traite plus l'ivrogne comme un pécheur, un réprouvé, mais qu'il voie en lui un malade qui est fort à plaindre ;

9ᵒ Que dans l'enfant naisse le désir, non seulement de s'abstenir entièrement, mais encore de combattre l'usage, même des plus modérés, chez les autres.

LES RAVAGES DE L'ALCOOL

On constate chez l'alcoolique d'abord des symptômes inquiétants de troubles organiques, puis, des maladies *qui le conduisent à la tombe.*

Les excès de l'alcool sont caractérisés par des affections diverses :

    Perte de l'appétit ;

    Pituites matutinales ;

    Gastrite chronique ;

    Eraillement de la voix ;

    Phtisie galopante ;

    Maladies du cœur ;

    Maladies du foie ;

    Paralysie générale ;

    Folie furieuse ;

    Hallucinations et délire ;

    Affaiblissement du cerveau ;

    Idiotie complète ;

    Mort précoce.

L'alcoolisme abrège la vie du tiers et même de la moitié. Un homme sobre qui arrive à l'âge de vingt ans peut compter, d'après les statistiques, qu'il lui reste, en moyenne, 44 ans à vivre, tandis qu'un alcoolique à vingt ans n'a plus, toujours d'après les statistiques, que 12 ans d'existence.